# BEI GRIN MACHT SICH IHR WISSEN BEZAHLT

AF135760

- Wir veröffentlichen Ihre Hausarbeit,
  Bachelor- und Masterarbeit

- Ihr eigenes eBook und Buch -
  weltweit in allen wichtigen Shops

- Verdienen Sie an jedem Verkauf

Jetzt bei www.GRIN.com hochladen
und kostenlos publizieren

# Marktanalyse eines Fitnessstudios mit der Positionierung Funktional Training

Noah Gerkmann Miralpeix

**Bibliografische Information der Deutschen Nationalbibliothek:**

Die Deutsche Nationalbibliothek verzeichnet diese Publikation in der Deutschen Nationalbibliografie; detaillierte bibliografische Daten sind im Internet über http://dnb.d-nb.de abrufbar.

ISBN: 9783346275240
Dieses Buch ist auch als E-Book erhältlich.

© GRIN Publishing GmbH
Nymphenburger Straße 86
80636 München

Druck und Bindung: Books on Demand GmbH, Norderstedt Germany
Gedruckt auf säurefreiem Papier aus verantwortungsvollen Quellen

Das Buch bei GRIN: https://www.grin.com/document/934133

Deutsche Hochschule für

Prävention und Gesundheitsmanagement

Hermann Neuberger Sportschule 3

66123 Saarbrücken

# Hausarbeit (kollektive Prüfungsleistung)

| | |
|---|---|
| **Name, Vorname** | Gerkmann Miralpeix, Noah |
| **Matrikelnummer** | |
| **Modul** | |
| **Studiengang** | Fitnessökonomie |
| **Datum Präsenzphase** | |
| **Studienort** | |
| **Gruppe bzw. zu bearbeitende Stadt** | |

# Inhaltsverzeichnis

# 1 Marktbeschreibung/ -analyse

## 1.1 Allgemeine Informationen über den Unternehmenstyp

Das Konzept des Mikrostudios mit dem Schwerpunkt des funktionellem Training soll Menschen im Osten von Dresden ansprechen. Da sich das Unternehmen mit einem Monatsbeitrag von 89 Euro im Premiumsegment positioniert, sollen Menschen mit einem hohen Einkommen angesprochen werden. Dabei sind Männer und Frauen gleichermaßen erwünscht. Der Kunde sollte sich im Alter zwischen 30 und 55 Jahren befinden und die Motivation mitbringen an seine Grenzen zu gehen, weil das Trainingskonzept körperlich fordernd ist. Auch wenn Menschen mit hohem Einkommen die Zielgruppe sind, soll das Studio nicht exklusiv sein. Jedes Mitglied hat den selben Wert und soll wissen woran er ist. Der Kunde soll nicht als Mitglied gesehen werden sondern als Athlet. Der Kunde sollte ebenso lauter Musik beim Training und ehrlichen Trainern, die einen lautstark motivieren zugeneigt sein. Mitglieder, die ein Training ohne praktischen Nutzwert bevorzugen, sind in diesem Studio nicht erwünscht. Das Training verläuft klassisch ohne geführte Geräte.

**Tabelle 1: Die Produkt-, Preis- und Distributionspolitik (eigene Darstellung)**

| Produktpolitik | Preispolitik | Distributionspolitik |
|---|---|---|
| <ul><li>Team aus studierten Trainern als Betreuer</li><li>Betreuung: Biometrische-, sportmotorische Testung und Trainingsplanerstellung ein Mal pro Quartal</li><li>Personal Training</li><li>Ernährungsberatung: Gewichtsverlust und Sporternährung</li><li>Therapie: Durch Physiotherapeuten und Chiropraktiker</li><li>Kurse: Kraftorientiert, Ausdauerorientiert, Beweglichkeitsorientiert</li><li>Verschiedene Trainingssysteme: Hanteln, Racks etc.</li><li>Öffnungszeiten mo-fr 7-21; Sa/So 10-18</li></ul> | <ul><li>12 Monate Mitgliedschaft 89 Euro/ Monat</li><li>24 Monate Mitgliedschaft 79 Euro/ Monat</li><li>Klares Preiskonzept ohne Schülertarife. Alle zahlen gleich viel</li><li>Mitglied wirbt Mitglied. 1 Freimonat</li><li>Durch die Mitgliedschaft hat man Zugang zu Kursen, freiem Training, zur Betreuung und Ernährungsberatung</li><li>Therapie und Personaltraining können zusätzlich gebucht werden</li></ul> | <ul><li>Direktvertrieb durch Probetrainings mit einem Trainer oder Kurse</li><li>Trainer sollen die Verkaufsgespräche durchführen, da sich die Anstellung eines Vertrieblers aufgrund der Unternehmensgröße nicht lohnt</li><li>Es wird eine Website für das Fitnessstudio eingerichtet, wo Kunden eine Probetraining buchen können und auf das Unternehmen aufmerksam gemacht werden</li></ul> |

## 1.2  Lage und Standort des Unternehmens

Das Mikrostudio mit der Ausrichtung des funktionellen Trainings befindet sich in der Pillnitzer Landtraße 170, 01326 Dresden. Das Unternehmen befindet sich in dem Stadtteil Loschwitz, dessen Bevölkerung für seine hohe Kaufkraft bekannt ist. Dem entsprechend können sich die Menschen dort ein hochpreisiges Training leisten. Es wurde dieser Standort aufgrund seiner Lage zur Elbe ausgewählt. Im Sommer können sich die Mitglieder nach einem anstrengenden Training abkühlen. Des Weiteren befindet sich das Mikrostudio dort in einer gewissen Entfernung zu anderen Fitnessstudios. Außerdem befindet es sich dort in einer ruhigen Atmosphäre.

## 1.3  Bestimmung von zwei Marktgebieten

Zur Erstellung der folgenden Grafik wurde die Zeit-Distanz-Methode verwendet. Es wird bei dieser Methode davon ausgegangen, dass der Kunde nur eine bestimmte Zeitspanne in Kauf nimmt, um zum dem Standort des Fitnessstudios zu gelangen (Zimmermann, 2002, S.44). Es wurde eine maximale Höchstgeschwindigkeit innerorts von 50km/h berücksichtigt und die Strecke in alle Himmelsrichtungen abgefahren . Die blaue Stecknadel gibt den Standort des zu gründenden Unternehmens an. Die Punkte drei und vier stellen die beiden stärksten Mitbewerber dar. Nummer drei ist ein Bodystreet-Filiale und Nummer vier eine Filiale von McFit. Das erste Marktgebiet ist dunkelrot und wurde mit einer Fahrtzeit von fünf Minuten abgefahren. Das zweite Marktgebiet in hellrot wurde mit einer Zeit von zwölf Minuten abgefahren.

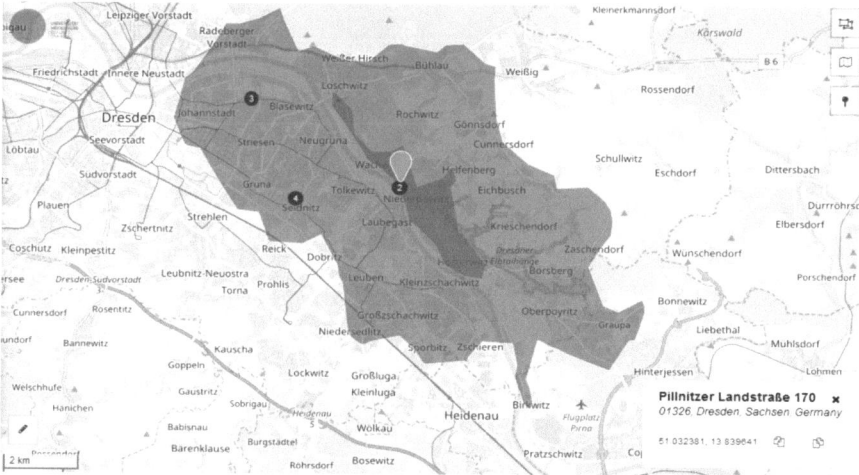

**Abbildung 1: Marktgebiete in Dresden nach der Zeit-Distanz-Methode (Openrouteservice, 2018)**

## 1.4 Makroumfeldanalyse und Abschätzung des Marktpotentials

Im Jahr 2017 lag die Kaufkraft pro Einwohner in Dresden bei 20222 Euro pro Einwohner im Jahr. Dies ergibt einen Kaufkraftindex von 90,9 (Amt für Presse- und Öffentlichkeitsarbeit, 2017).

Die Arbeitslosenquote in Dresden lag im Jahr 2016 bei 6,7 Prozent. Somit sind 19275 Dresdener arbeitslos. Im Stadtteil Loschwitz/Wachwitz, wo sich beide Marktgebiete hauptsächlich befinden liegt diese jedoch nur bei zwei Prozent (Amt für Presse- und Öffentlichkeitsarbeit, 2016).

Am 31.12.2017 lag das Durchschnittsalter in Dresden bei 42,9 Jahren. Die folgende Abbildung zeigt die Altersverteilung in Form eines Lebensbaums. Der Großteil der Bevölkerung liegt zwischen 20 und 34 Jahren bei einem gleichen Anteil an Männern und Frauen.

## Lebensbaum

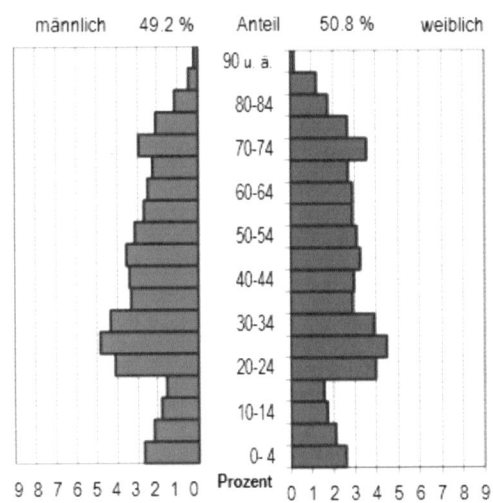

**Abbildung 2: Altersstruktur in Dresden (Amt für Presse- und Öffentlichkeitsarbeit, 2016, S.294)**

Die Einwohnerzahl im ersten Marktgebiet beträgt 3995 Menschen (Openrouteservice, 2018). Dieses Marktgebiet befindet sich im Ortsbereich Loschwitz mit einer Zahl von 20064 Einwohnern (Wikipedia, 2017)

Das zweite Marktgebiet deckt 130993 Personen ab (Openrouteservice, 2018). Es befindet sich in der Ortsbereichen Loschwitz, Blasewitz, Neustadt und Altstadt.

Loschwitz hat 20064, Blasewitz 85209, Neustadt 48271 und Altstadt 53667 Einwohner (Wikipedia, 2017).

Um das Marktpotential zu berechnen, werden die Einwohner des ersten Marktgebiets mit 70 Prozent der Einwohner des zweiten Marktgebiets addiert. Diese Summe wird mit einem Marktpotential von zwölf Prozent verrechnet.

Rechnung

Marktgebiet 1: 3995

Marktgebiet 2: 130993

$130993 \times 0{,}7 = 91695$; $3995 + 91695 = 95690$; $95690 \times 0{,}12 = 11482$

Das Marktpotential aus beiden Marktgebieten beträgt 11482 Einwohner.

## 1.5   Wettbewerbsanalyse

Die beiden Mitbewerber im Marktgebiet sind McFit und Bodystreet. Das Fitnessstudio von McFit liegt in der Enderstraße 94 und das von Bodystreet in der Mildred-Scheel-Straße 2. Beide Unternehmen sind etablierte Marken, die durch ein bundesweites Filialnetz eine große Reichweite in der Fitnessbranche haben. Dem entsprechend ist der Konkurrenzdruck stark.

Mcfit fällt vor allem durch das Preis-Leistungs-Verhältnis auf. Training gibt es am Markt fast nirgendwo günstiger als dort. Der Preis beläuft sich im Grundvertrag auf 19,90 Euro (McFit, 2018). Des Weiteren hat der Standort dieser Filiale 24 Stunden am Tag geöffnet, was ein deutlicher Vorteil gegenüber dem zu gründenden Unternehmen ist. Nachteile von McFit sind mangelnde Qualität in den Trainerteams aufgrund der Preispolitik und der unpersönliche Umgang mit Kunden, was auf den Massenbetrieb in den Studios zurückzuführen ist.

Bodystreet sticht durch sein vielfältiges Angebot an Trainingsgeräten mit Elektrostimulation hervor. Es wird ein zwanzigminütiges Training mit einem Trainer angeboten, was in kürzester Zeit beste Ergebnisse hervorbringen soll. Bodystreet hat jedoch eine begrenzte Produktpalette, da sie nur das EMS-Training anbieten. Des Weiteren ist ein Training in Eigenregie nicht möglich.

Beide Wettbewerber haben ihre eigene Produktpolitik die nicht mit der des zu gründenden Unternehmens vergleichbar ist. Ein Fitnessstudio mit der Ausrichtung des funktionellen Trainings hatte eine spezielle Ausrichtung, was dieses Unternehmen zu etwas besonderem macht. Ein Discounter und ein EMS-Studio haben demnach ein anderes Klientel, was sie ansprechen wollen.

# 2 Marketingplanung

## 2.1 Budgetplanung

Die erfahrungsgemäßen Marketingkosten pro Neukunde betragen 60 Euro. Geplant sind 100 Mitglieder im ersten Geschäftsjahr zu akquirieren. Um das Jahresmarketingbudget zu berechnen multipliziert man nun die Marketingkosten pro Neukunde mit der geplanten Mitgliederanzahl.

60x100=6000

Das Jahresmarketingbudget beträgt folglich 6000 Euro.

## 2.2 Kommunikationspolitik

Zwei Monate vor der Eröffnung des Unternehmens soll eine Marketingkampagne starten. Ziel dieser Kampagne ist es die Zielgruppe im Marktgebiet anzusprechen, sodass diese zum großem Opening kommen. Wer nämlich direkt eine Mitgliedschaft von mindestens einem Jahr abschließt, bekommt ein Personaltraining gratis.

Das Opening soll als Event geplant werden und sich somit von einer Veranstaltung abgrenzen. Events sind gekennzeichnet durch Veranstaltungen ohne direkten Verkaufscharakter, die Erlebnisse generieren sollen. Gekennzeichnet sind diese durch die Originalität, die Ergebnisorientierung, die Zielgruppenfokussierung und die Unmittelbarkeit (Dunker, 2006, S.190). Die Eröffnung soll ein Sportevent werden, wodurch die potentiellen Mitglieder das Produkt selbst erleben können. Am Tag selbst sollen jeweils ein kraftorientierter, ein ausdauerorientierter und ein beweglichkeitsorientierter Kurs stattfinden. Nach den Kursen muss viel Zeit für den Verkauf der Mitgliedschaften eingeplant werden. Das Unternehmen soll die Botschaft vermitteln, dass wir Training anbieten, was funktioniert und Spaß macht. Die Trainer sorgen für das Entertainment. Im Budget wird Geld für ein Willkommensgetränk und ein paar Snacks eingeplant. Die Zielgruppe des Events ist die des Unternehmens aus Aufgabe 1.1.

Ein weiteres Instrument der Marketingplanung soll die Öffentlichkeitsarbeit sein. Nach Meffert, Burmann & Kirchgeorg (2012, S. 688) bedeutet Öffentlichkeitsarbeit bestimmte Personengruppen gezielt auf das Unternehmen aufmerksam zu machen und so Beziehungen herzustellen. Ziel soll es sein, dass Produkt in der Öffentlichkeit bei der Zielgruppe bekannt zu machen. Das Unternehmen wird Veranstaltungen und Medienarbeit nach Kotler & Bliemel (2006, S. 1005 ff) nutzen. Mitarbeiter werden einige Zeit vor der Eröffnung Informationsstände bei Veranstaltungen, die unsere Zielgruppe besucht, aufbauen, um diese auf das Opening aufmerksam zu machen. Medienarbeit wird über Instagram und Facebook geleistet. Im Budget müssen die Produktion eines Stands und die Mitarbeiterkosten berücksichtigt werden.

Werbung wird ebenfalls genutzt als Instrument der Marketingpolitik genutzt. Werbung nutzt dabei nicht-persönliche Kommunikationsmittel, um dies zu erreichen. Ziele der Werbung sind der Aufbau eines Images, die Schaffung einer Marke, die Bekanntmachung von Produkten, die Information über Produkte, die Stärkung des Vertrauens, die Erhöhung der Absatzchancen und die Stellungnahme zu kontroversen Themen (Kotler & Bliemel, 2006, S.932).

Der Startschuss des Marketings fällt sechs Monat vor Eröffnung und wird in Tabelle zwei näher erläutert.

**Tabelle 2: Zeitliche Abfolge des Marketings (eigene Darstellung)**

| Instrument | Startzeitpunkt |
|---|---|
| Öffentlichkeitsarbeit durch soziale Medien | 6 Monate vorher |
| Planung der Eröffnung | 3 Monate vorher |
| Öffentlichkeitsarbeit durch Informationsstände | 3 Monate vorher |
| Nutzung der Werbung | 3 Monate vorher |
| Eröffnung ||

Zur Kontrolle ob alle Instrumente funktioniert haben, sollen am Eröffnungstag Interessenteefragebögen ausgefüllt werden. Auf diesen soll die Frage wie sie auf uns aufmerksam geworden sind formuliert werden.

## 2.3 Werbeplanung

Im Rahmen der Werbeplanung wurden Anzeigen in Zeitungen, Plakate an Wänden oder Litfaßsäulen und Flyer, die per Post verteilt werden, als Werbemittel ausgewählt. Aus der Aufgabenstellung resultierend beträgt das Budget 1200 Euro.

Anzeigen in einer Zeitung stellen eine allgemeine Ankündigung dar. Der Erfolg der Anzeige ist dabei stark von ihrer Gestaltung abhängig. Insgesamt deckt eine Tageszeitung, die beiden Marktgebiete des Unternehmens ab. Da sich der potentielle

Kunde zwischen 30 und 55 Jahren befindet, nimmt dieser das Medium Tageszeitung an und hat eine Affinität dazu.

Plakate an Wänden oder Litfaßsäulen sind dazu da das Interesse der Öffentlichkeit zu erregen und so möglichst viele Menschen auf ein Produkt aufmerksam zu machen. Dem entsprechend ist dies ein Werbemittel, was sich nahezu für jeden anbietet. Die Reichweite im Marktgebiet ist durch die Möglichkeit viele Plakate anzubringen abgedeckt. Das Plakat sollte so konzipiert werden, dass es die Zielgruppe anspricht, da es sonst nicht beachtet wird. Generell wird ein Plakat als Werbemittel von der Zielgruppe akzeptiert.

Des Weiteren sollen Flyer im Marktgebiet verteilt werden. Ähnlich wie bei Plakaten muss hier darauf geachtet werden, dass der Flyer die Zielgruppe anspricht, da er sonst im Mülleimer landet. Außerdem sollten Flyer in den Wohngegenden verteilt werden, wo unser Zielpublikum heimisch ist. Vorteil des Verteilen von Flyern ist, dass es kostengünstig ist. Ein Nachtteil wiederum ist das geringe Ansehen von Flugblättern.

## 2.4 Kostenkalkulation/ Budgetvergleich bei der Werbeplanung

Das Marketingbudget für die Werbemaßnahmen beträgt 1200 Euro. Mit diesem Geld müssen Flyer verteilt, Anzeigen gestartet und Plakate angebracht werden.

Vorteile des Verteilens von Flyern ist, dass es kostengünstig ist. 2500 Flyer zu drucken kostet zum Beispiel bei diedruckerei.de (2018) nur 23,68 Euro. Des Weiteren muss Personal eingeplant werden, was dieses verteilt. Dafür können unter anderem Schüler genommen werden, die sich etwas dazu verdienen wollen. Diese können unter Mindestlohn bezahlt werden. Um 2500 Flyer zu verteilen werden vier Schüler benötigt. Die Möglichkeit, dass die Unternehmer selbst die Flyer verteilen besteht. So würde das Unternehmen 200 Euro sparen um Menschen fürs Flyer verteilen zu bezahlen.

Anzeigen sind im Preis deutlich Teurer. Anzeigen in der Zeitung Dresdner neuste Nachrichten kosten ab 2274 Euro pro Anzeige zuzüglich Mehrwertsteuer und bei einer Schaltung von mindestens sechs Anzeigen pro Jahr (Bundesverband Deutscher Zeitungsverleger e.V.,2018, S. 11).

Die Produktionskosten von Plakaten liegen bei 60,50 Euro für 25 Stück (diedruckerei.de, 2018). Auch dies ist Rahmen des Jahresbudgets ein überschaubarer Preis. Die Mietpreise an einer Litfaßsäule in Dresden fangen bei 84 Cent am Tag an (1-2-3-Plakat.de GmbH, 2018). Geplant werden kann also mit einer mit einer Gebühr von drei Euro am Tag. Die Plakate werden über einen Zeitraum von zwei Wochen vor der

Eröffnung ausgehängt. Hochgerechnet kommt man auf Kosten von 420 Euro für die Miete.

Insgesamt übersteigen die Kosten für Werbung die des Jahresbudgets. Dem Entsprechend müssen Lösungen gefunden werden die Kosten zu reduzieren aber gleichzeitig die Menschen zu erreichen. Das Verteilen von Flyern und das Aufhängen von Plakaten sind dabei Maßnahmen die preislich zu vertreten sind. Der Preis einer Anzeige übersteigt jedoch das Budget. Ein Lösungsvorschlag ist Anzeigen nicht in Zeitungen sondern Online durch Werbebanner zu starten. Diese ist preisgünstiger und spricht eher die Zielgruppe zwischen 30 und 50 Jahren an. Der Preis auf der Website der Zeitung  Dresdner neuste Nachrichten geht bis 45 Euro für 1000 Werbeeinblendungen (Bundesverband Deutscher Zeitungsverleger e.V. ,2018, S. 15).

## 2.5   Synergieeffekte im Rahmen der Kommunikationspolitik

Das Bibliographische(s) Institut GmbH beschreibt Synergieeffekte als „positive Wirkung, die sich aus dem Zusammenschluss oder der Zusammenarbeit zweier Unternehmen oder Ähnlichem ergibt" (2018). Dem entsprechend ist zu untersuchen auf welchen Ebenen dies geschehen kann.

Eine Möglichkeit ist es einen Monatsbeitrag zu generieren, wodurch der Kunde institutionenübergreifend trainieren kann. Des Weiteren können Kunden, die beispielsweise  lieber in einem Discounter trainieren möchten, innerhalb der Unternehmensgruppe weitergeleitet werden, sodass die Einnahmen innerhalb der Studiokette bleiben. Eine flexible Mitgliedschaft wird so ermöglicht. Denkbar ist, im Rahmen der Werbeplanung Instrumente einzusetzen, um dies zu betonen.

Auf Ebene des Personalmanagements können Mitarbeiterengpässe kompensiert werden, wenn die jeweiligen Tochtergesellschaften untereinander Hilfe anbieten. Es kann jederzeit vorkommen, dass ein Kurs oder Ähnliches vertreten werden muss. Eine Absprache ist daher von Vorteil. Bezogen auf die Kommunikationspolitik kann sich beispielsweise bei der Arbeit mit Informationsständen oder dem Verteilen von Flyern geholfen werden.

Gemeinsame Arbeit im Bereich der digitalen Medien ist ebenfalls möglich. Es kann ein gemeinsamer Account für Medien wie Instagram und Facebook eingerichtet werden. Es werden Kosten beim Onlinemarketing gespart, indem Marketingmanager institutionenübergreifend angestellt werden. Des Weiteren gibt es dann speziell ausgebildetes Personal, welches nur für diesen Bereich zuständig ist. Ein Trainer muss sich also nicht zusätzlich noch aufs Marketing konzentrieren.

# 3 Abschlussstatement

Im Allgemeinen kann eine Chance für die Unternehmensgruppe sein, die in Aufgabe 2.5 beschriebenen Synergieeffekte zu nutzen. Es können dadurch Vorteile im Preis und Aufwendung entstehen, die kein weiteres Unternehmen hat. Des Weiteren gibt es Tochtergesellschaften, die sich lohnen und welche die es nicht tun.

Möglichkeiten für ein Überleben für ein Fitnessstudio im Premiumsegment in der Innenstadt sind nicht gegeben. Da die Kaufkraft niedrig ist und der Konkurrenzdruck durch Discounter hoch ist, sollte man dort kein derartiges Unternehmen eröffnen. Fitnessstudios, die hochpreisig sind und eine bestimmte Zielgruppe bedienen, sollten sich in Ortsbereichen wie Loschwitz ansiedeln. Dort sind Kunden anzufinden, welche über eine hohe Kaufkraft verfügen. Des Weiteren finden EMS- und Functiontraining-Studios wenig Konkurrenz in Dresden. Der nächste Anbieter für funktionelles Training ist Crossfit DD. Dieser liegt circa zehn Kilometern von dem Anbieter der Unternehmensgruppe entfernt. Für Anbieter für Training mit Elektrostimulation gibt es ebenso wenig Anbieter. Die Standorte der einzelnen Anbieter sind so zu wählen, dass die Fitnessstudios des Premiumsegments im Osten der Stadt anzusiedeln sind. Dort befindet sich der höchste Kaufkraftindex. Insgesamt sind bei den Nischenanbietern wie das EMS-Training und das funktionelle Training die größten Erfolgschancen zuzurechnen, wenn sie mit den entsprechenden Standorten versehen werden.

# 4    Literaturverzeichnis

Amt für Presse- und Öffentlichkeitsarbeit (2016). *Landeshauptstadt Dresden, Kommunale Statistikstelle - Stadtteilkatalog.* Zugriff am 15.5.2018. Verfügbar unter https://www.dresden.de/media/pdf/onlineshop/statistikstelle/120_080_010_Stadtteilkatalog_2016.pdf

Amt für Presse- und Öffentlichkeitsarbeit (2016). *Arbeitslose.* Zugriff am 6.5.2018. Verfügbar unter http://www.dresden.de/de/leben/stadtportrait/statistik/wirtschaft-finanzen/arbeitslose.php

Amt für Presse- und Öffentlichkeitsarbeit (2017). *Kaufkraft für Dresden, Sachsen und Deutschland.* Zugriff am 15.5.2018. Verfügbar unter https://www.dresden.de/media/pdf/statistik/Statistik_4810_Kaufkraft.pdf

Bibliographisches Institut GmbH (2018). *Rechtschreibung.* Zugriff am 15.5.2018. Verfügbar unter https://www.duden.de/rechtschreibung/Synergieeffekt

Bodystreet (2018). *Konzepte.* Zugriff am 12.5.2018. Verfügbar unter https://www.bodystreet.com/de/unternehmen/konzept/

Bundesverband Deutscher Zeitungsverleger e.V. (2018). *Media.* Zugriff am 14.5.2018. Verfügbar unter https://www.die-zeitungen.de/fileadmin/files/documents/Tarife_PDF_2018/Dresdner_neueste_Nachrichten_Nr_19_2018.pdf

Dunker, M. (2006). *Marketing.* (2. Aufl.). Rinteln: Merkur.

Diedruckerei.de (2018). *Flyer.* Zugriff am 14.5.2018. Verfügbar unter https://www.diedruckerei.de/p/flyer-din-a6?depvar_index_setparent=%3cPFLA644%3e%3cPFLA644.135...1000%3e&depvar_index_set_1=%3cZFLXXXXA%3e%3cZFLXXXXAA01%3e&depvar_index_set_2=%3cZXXXX97N%3e%3cZXXXX97NN90%3e&depvar_index_set_3=%3cZFLXXXXD%3e%3cZFLXXXXDD00%3e&depvar_index_set_4=%3cZXXXXX1B%3e

%3cZXXXXX1BB90%3e&depvar_index_set_5=%3cZFLA600Y%3e
%3cZFLA600YY34%3e&tr=track&ref=search%2fbing
%2f191462840%2f3943264490%2fflyer%20drucken%20kosten
%2f10024926786&ws_tp1=kw&msclkid=8506e08236e8195e1b65ba7be8b5ec58&utm
_source=bing&utm_medium=cpc&utm_campaign=3.01_DE_Produkte:
%20Flyer&utm_term=flyer%20drucken%20kosten&utm_content=Flyer%20%2b
%20Kombi%20%28exact%29

Diedruckerei.de (2018). *Flyer.* Zugriff am 14.5.2018. Verfügbar unter
https://www.diedruckerei.de/p/plakate-din-a1?d=1&ci=&depvar_index_setparent=
%3cPPLA140%3e%3cPPLA140%2eAFF%2e%2e%2e250%3e&depvar_index_set_1=
%3cZPLA1XXZ%3e%3cZPLA1XXZZ00%3e&depvar_index_set_2=%3cZPLXXXXD
%3e%3cZPLXXXXDD00%3e&depvar_index_set_3=%3cZPLA100Y%3e
%3cZPLA100YY34%3e

Kottler, P. & Bliemel, F. (2006). Marketing-Management. Analyse, Planung und
Verwirklichung. (10. Aufl.). München: Pearson.

McFit (2018). *Mitgliedschaft.* Zugriff am 12.5.2018. Verfügbar unter
https://www.mcfit.com/de/mitgliedschaft/

Meffert, H., Burmann, C. & Kirchgeorg, M. (2012). *Marketing. Grundlagen
marktorientierter Unternehmensführung. Konzepte – Instrumente – Praxisbeispiele.* (11.
Aufl.). Wiesbaden: Gabler.

Openrouteservice (2018). *Isocrones* (Programm zum Anwenden der Zeit-Distanz-
Methode). Zugriff am 12.5.2018. Verfügbar unter
https://maps.openrouteservice.org/reach?
n1=51.032866&n2=13.8414&n3=12&a=51.032462,13.839598&b=0&i=0&j1=5&j2=5
&d=50&k1=en-US&k2=km

Wikipedia (2017) . Ortsamtsbereiche und Ortschaften in Dresden. Zugriff am 6.5.2018.
Verfügbar                                                                                          unter
https://de.wikipedia.org/wiki/Liste_der_Ortsamtsbereiche_und_Ortschaften_in_Dresden

Zimmermann, M. (2002). *Standortplanung für Dienstleistungsunternhemen: Das Beispiel multifunktionaler Sportanlagen.* Wiesbaden: Deutscher Universitäts-Verlag.

1-2-3-Plakat.de GmbH (2018). *Kulturwerbung.* Zugriff am 14.5.2018. Verfügbar unter https://www.123plakat.de/kulturwerbung/standorte/all.html

# 5 Abbildungs- und Tabellenverzeichnis

## 5.1 Abbildungsverzeichnis

## 5.2 Tabellenverzeichnis